主婦たちが築いたまちづくり

―「コスモスの家」の 30 年―

渡辺ひろみ 編著

自治体研究社

はじめに――憲法をよりどころに

一九八九（平成元）年より始めた、特定非営利活動法人（NPO法人）秋桜舎「コスモスの家」が今年（二〇一八［平成三〇］年）で三〇周年を迎えます。

一九六六（昭和四一）年、川崎市多摩区の西三田団地への入居が始まった当時は、明治大学、川崎市立生田中学校しかありませんでした。現在の三田のまちは、多摩丘陵地の坂や谷戸《やと》も残り、緑も濃くなって、五〇年を経た古い公団分譲団地や大小のマンション、一軒家、コンビニやスーパーを含めて三〇を超える店舗があります。「お墓以外、すべての公共施設がある」、そんな三田のまちが広がっています。

この半世紀、高度経済成長期に、主婦たちが中心となって「よい教育環境を」「よい生活環境を」と、必要とされる施設を国や市に要望するまちづくり運動を行い、住民にとって住みよいまちをつくってきた歴史があります。それは、核家族化や女性の社会進出、高齢者世帯や一人暮らし世帯が増加した時代でもあります。また、「介護の社会化」が必要不可欠な状況にもなってきました。

一九八九（平成元）年、「コスモスの家」が産声を上げたきっかけは、連れ合いを亡くし、団地で一人暮らしになった高齢女性の「気軽におしゃべりができる場がほしい」「一番怖いのは孤独なのよ」という一言でした。「たかが主婦、されど主婦」、女たちがつくったＮＰＯ法人「コスモスの家」は家事や育児、介護という日常的な暮らしの仕事を支えてきた主婦たちの感性と、地域でのつながりを力にして三〇年の実績を積み重ねてきました。

自主的で民主的な、誰からも指示を受けず、体制に呑み込まれず、大きな既成組織に依存せず、真のＮＰＯをつくってきたと自負しています。また、「福祉ビジネス」の視点ではなく、福祉文化、豊かな人権と福祉のまちづくりに社会的価値を見出してきました。

団地の集会所から始まったミニ・デイサービスが今日まで発展してきたことに、大きな影響を与えたのが、一つめは、「コスモスの家」がスタートした平成元年から開催している「うごくシンポジュウム」、二つめは二〇〇二（平成一四）年に行った「三田のまちってどんなまち」、二〇一〇（平成二二）年に行った「『孤立しないで、安心して生活できる』ための大規模調査」（明治大学建築科、園田眞理子教授の研究室と地域をあげての調査）があります。

この三〇年を振り返ると、あくまでもボランティア精神を生かし、非営利事業と介護保険サービスを提供するだけの事業所ではなく、人々のニーズを把握し、それぞれの豊かで充実した人生を、住み慣れた地域でかなえられるネットワークと、それを支えるまちのよろず相談情報センターをめざしたことです。

この三〇年、事業が継続できた背景には、「うごくシンポジュウム」で全国の先駆的な事例を学べたこと、またそれを実践的に追求したことであります。二回の調査で明らかになった各世代のニーズを、普段の活動の中でていねいに拾い、それを一つひとつ具現化してきたからです。

「住んでいてよかった」と言えるまちづくりのタネは、まかれ、芽も出始めています。しかし、住民の努力もさることながら、行政との協働があってこそのものであります。国はともあれ、川崎市の「地域包括ケアシステム推進ビジョン」「第七期川崎市高齢者保健福祉計画・介護保険事業計画／かわさきいきいき長寿プラン」を推進する行政の本気度を期待してやみません。

なにはともあれ、憲法第一二条は「……自由及び権利は、国民の不断の努力によって、これを保持しなければならない」とあります。平成時代が終了する節目の年、昭和・平成を生きた一人ひとりが心しなくてはならないことばだと思っています。

主婦たちが築いたまちづくり
——「コスモスの家」の30年

［目次］

第1章 「コスモスの家」誕生のきっかけ

主婦たちがつくってきたまち

新宿から小田急線で二二分の生田駅から歩いて一〇分、神奈川県川崎市多摩区の丘陵地を切り開いて西三田団地が造成されたのは一九六六（昭和四一）年のことでした。川崎市役所に行こうとすると半日かかるというのに、都心に行くには便利という典型的な東京のベッドタウンです。そのころ国の持ち家政策が始まり、公団の五階建ての分譲住宅の西三田団地一一〇八世帯。今も四六棟ありますが、古い建物ですから、間取りはそれほど広くない上にエレベーターがありません。

私が関西から越してきたのもこの年でした。私は三〇歳で、幼児と小学生低学年齢の子どもを連れてこの団地に入居しました。当時は私のような子育て世代がほとんどで、周辺には中学校と数軒の商店があるのみで、そのだだっ広い丘にコンクリートの箱が並ぶだけの、夜になると真っ暗になる今では想像もつかない殺風景な街でした。

いまではそれが、民間の七五〇戸の大規模マンションができたり、一戸建てなども並び、保育園、幼稚園、小学校、中学校、市立子ども文化センター、市立「三田あすみの丘」老人保健施設（二〇〇九［平成二一］年、民間の「社会福祉法人・三篠会（本拠は広島県）」に一億円で売却された）、それに明治大学生田校舎、専修大学、日本女子大学といった大学などが立ち並び、緑に包まれた大きなベッドタウンに変身しました。また、最近は観光バスが止まるようになった日本民家園、岡本太郎美術館、藤子・F・不二雄ミュージアムなどがあります。

三田小学校区の人口は一万三〇〇〇人あまり（約五四〇〇世帯）ですが、団地の高齢化率はすでに五〇％近くなっていて、出歩くと坂か階段にぶつかるこの街は高齢者にとって住みにくい街になってきています。

私たちが入居したころは、ちょうど一九七〇～八〇年代は革新自治体の機運が高まっていた時だけに、川崎市も市長の交代によって市民に市政が開かれつつありました。そんな流れに乗って、明治大学と生田中学校以外何もない街に、三〇代の幼児・小学生低学年を抱えた子育て世代の人口がぞくぞくと増えるにしたがい、三田の住民も「保育園と幼稚園が必要だ」「小学校も足りない」「公民館や学童保育を」などの要望を集め、行政に足を運んで陳情を繰り返していました。

三田こども文化センターにて

管理組合だけで自治会がない大きなマンション、小さなマンションが建つと管理組合ができ資産を守るのは管理組合の仕事ですが、地域のいろいろな生活を守り、保育園など地域を整備するのは、自分たちでやるしかなかったのです。当時男性は企業戦士で、昼間小さい子どもを連れて働くこともできない主婦たちが、保育園が必要だと感じては保育園づくりを進めました。みんなで話し合って、何が必要なのかニーズの優先順位を決めて、私たち自身でまちづくりの活動をしてきました。

だから、この街は主婦たちがつくった街なのです。もちろん今では、企業戦士で街にいなかった男性たちがみな定年を迎え、街に帰って来ましたので、一緒になって安全で安心に住める第二のまちづくりを行っているところです。

五〇年経ったいまでこそ、お墓以外の公共施設が一通り揃った三田の街があるのは、ほかでもない、そこに住む住民たちの汗と活動の成果であるとともに、住民自治で自分たちがまちづくりを進めてきた結果だったのです。そして、そうした勢いが「コスモスの家」の活動にそのままつながっているように思います。

一二畳の集会所から始まった「コスモスの家」

「コスモスの家」誕生のお話に入りましょう。おおよそ若い世帯が入って新しくできた街が、平成に入ると高齢の女性の一人暮らしが増え、孤立化が進みました。正月に洗面所で倒れていたとか、そういう事件も起こりました。当時、団地では毎年一回、配水管掃除を実施していたのですが、ある一人暮らしの方のご自宅に点検のため入ったと

夕食宅配

ころ、亡くなっておられて死後一週間ほど経っていたという事件も起こりました。こんなに密集した団地で、そういうことが起こったのです。エレベーターのない集合住宅ですから、外に出にくく、部屋に閉じこもればいわゆる「引きこもり」にもなってしまう。寝たきりになる、認知症になる。

そこで、一人暮らしの高齢者の方からの「なんとか集まれる場をつくってほしい」というささやかな訴えがあり、子育てを終えて地域で何か役に立つことをしたいという主婦たち五人がそれに応えて、一九八九（平成元）年に「コスモスの家」をつくりました。

「コスモスの家」は、「一番怖いのは孤独ね。気軽におしゃべりができるところがあれば」という一人暮らし高齢者の一言がきっかけとなって、団地集会所の一二畳の和室で産声をあげました。いまもその集会所はあります。週一回のミニ・デイサービスを、主婦たちのボランティアが中心となって立ち上げたのです。

そんななか、育児ノイローゼの母親が蒸発してしまい、残された家族が困っているので、「なんとか食事を運んでもらえないか」という要望がありました。私たちはすでに手作りの昼食会をしていましたので、そのノウハウを活かして、夕食宅配事業を週一回、一〇食からスタートさせました。

第2章　自主事業から法人組織による九事業へ

NPO法人秋桜舎「コスモスの家」へ

「コスモスの家」を始めた団地の集会所は、お年寄りだけが利用するということにならないことから使い勝手が悪く、私たちはそれに代わる場所を探した結果、団地の近くの古い一軒家が借りられることになりました。ボランティアの人が来ても入りきれないほどの盛況で、まずは団地の3DKへ［一九九三（平成五）年〜九七（平成九）年］、その後、みんなでお金を出し合い、さらに広いところに移ることになりました［一九九七（平成九）〜九九（平成一一）年］。

五人の主婦が一〇人ほどのお年寄りを対象に行っていた私たちの事業は、その後のゴールドプランのスタートによって、発展を遂げることになります。一九九三（平成五）年には川崎市独自のミニ・デイサービス補助事業施設に、一九九九年には国のD型デイサービス補助事業施設の指定を受け、NPO法人格を取得、二〇〇〇年には介護保険三事業を始めました。NPO法人秋桜舎「コスモスの家」の誕生でした。

ボランティア活動から介護保険事業への移行については、法人化が条件で、国のD型事業の委託を受けることになりました。それと同時に、この団地では介護保険のデイサービスを続けていけなくなりました。しかし、家を新築する方の協力で、その家の一階で定員一九名のデイサービス事業を行うことができ、これを機会に法人を設立しました。

「コスモスの家」は一つの小学校区をエリアに活動していて、今では九事業をするまでに成長し、年間の事業収入は一億二〇〇〇万円で、職員は総勢七四人、うち一一人が常勤職員という体制です。この地域で、事業を担うスタッフ、ボランティア、社会福祉協議会（以下、社協）などの地域ぐるみの支援が、この街に根づいたのです。

現在の「コスモスの家」の事業は、①ケアプラン（介護保険事業）、②デイサービス（介護保険事業）、③ホームヘルプサービス（介護保険事業）、④「有馬コスモスの家」（川崎市委託事業―「有馬コスモスの家」は後述するように、二〇一七（平成二九）年度をもって市の委託事業が廃止され、現在は自主事業となっている）、⑤川崎市認定「こすもす保育園」、⑥配食サービス（法人独自事業、川崎市社会福祉協議会補助事業）、⑦「宮前コスモスの家」（法人独自事業）、⑧「三田ふれあいセンター・コスモスの家」（法人独自事業）、⑨「めだかの地域大学」（公的機関との協力事業）、などに広がっています。

事業収入一億二〇〇〇万円の規模で、人件費は年間七〇〇〇万円を占めます。「コスモスの家」で働く人はほとんど町内の人です。七〇〇〇万円の人件費は丸々地域経済の活性化につながって

宮前「コスモスの家」副理事長宅の離れにて

いると思います。主婦や、六五歳で定年を迎えた方が、この十数年のうちに介護福祉士などの資格を取り、ケアマネージャーなどもすべて自前で揃え、まさしく主婦たちの手で事業経営を進めてきました。

「ビジネス事業」だと思われて私もこれまでいろいろな所から呼ばれたり聞かれたりもしましたが、私たち「コスモスの家」の取り組みは決して「ビジネス」ではない、地域に根ざした社会的価値を目指してきたことを強調しておきたいと思います。

この間の歴史をメモすると以下のようになります。

〈自主事業の時代〉

・一九九〇（平成二）年～一九九三（平成五）年　一軒家でのミニ・デイサービス

・一九九三（平成五）年～一九九五（平成七）年　団地（３ＤＫ）でのミニ・デイサービス

〈川崎市独自ミニデイ補助事業時代〉

・一九九五（平成七）年　川崎市のミニ・デイサービス補助事業に認定（補助金　年間八〇〇万円）

・一九九六（平成八）年　「宮前コスモスの家」開設

〈少しでも広いところへ。入浴も始める〉

・一九九七（平成九）年～一九九八（平成一〇）年　団地（３ＬＤＫ）でのミニ・デイサービス

・一九九九（平成一一）年　法人化を条件に、国のデイサービスＤ型委託事業施設となる（委託

金　年間三四〇〇万円）

・一九九九（平成一一）年　特定非営利活動法人秋桜舎「コスモスの家」設立。

・二〇〇〇（平成一二）年　介護保険三事業（デイサービス、ケアプラン作成、訪問介護）スタート

・二〇〇一（平成一三）年「有馬コスモスの家」（川崎市委託事業）開設

・二〇〇二（平成一四）年「めだかの地域大学」開校

・二〇一二（平成二四）年「こすもす保育園」開園

・二〇一三（平成二五）年「こすもす保育園」川崎認定保育園となる

「たかが主婦、されど主婦」の精神

現在の「コスモスの家」の目標は、「孤立した人を作らない」、「安心したまちづくり」に加えて、女性の地位向上と介護問題を切り離すことができないと考えています。

二〇〇〇（平成一二）年にスタートした介護保険制度について、私たちはすべて認めて仕事をしているわけではありません。「介護の社会化」という方向で、団地の中のある号棟のお年寄りを、隣の号棟の女性が仕事としてお世話をしていくことで安心して収入を得る。フルタイム、常勤で働く人は少ないのですが、「コスモスの家」の六三名の非常勤のほとんどが主婦です。子どもの世話やPTAの活動などに携わり、親の介護にも関わりながら地域で生活する主婦たちが活動の主体です。いつも言うのは「たかが主婦、されど主婦」という言葉です。主婦一人ひとりの力

は小さいけれど、パズルのようにシフトを組んでいく中で、住み続けられる三田のまちづくりに大きな役割を果たしてきていると思います。

第3章　介護保険事業からまちづくりへ

事業拡大とともに組織も整備

一二畳の集会所のころは、みんなで車座になって好きにやっていたのですが、やはりどんどん事業が大きくなったことで組織を確立しました。最初は運営委員会にしましたが、事業が厳しくなることを想定して運営委員会を経営委員会に組織変更しました。NPO法人ですので、企業のように社長や常務がなんとかしてくれるということではありません。仕事をする自分たちが事業に責任をもつということで組織整備を図りました。

「コスモスの家」は、制度事業と非制度事業を行っています。たとえば「ふれあいセンター」というのは、二〇〇三（平成一五）年から進めている事業ですが、この「センター」を立ち上げるにあたっては、私たちは第一回目の調査を実施しました。調査は統計数値を出すのが目的ではなく、「三田の街はどのような街なのか」、そして「地域の人たちは何を求めているのか」を明らかにすることを目的としました。

この調査の中で、定年退職をした人の居場所についてどうしていくかが課題となりました。定年退職した、一年ぐらいは何とか過ごせるのですが、一年を過ぎると、「昼間どこかで働くか、どこかに行ってほしい」と妻に言われて、「ウロウロしていたら『コスモスの家』のボランティア募集のポスターを見たから来た」というわけです。「『コスモスの家』に来たのは、暇でしょうがないので、麻雀なら教えられる、将棋なら教えられる、ボランティアをさせてもらえませんか」というような申し出があって、それならということで活動が始まりました。

空き店舗を活用した居場所づくり

「三田の街はどのような街なのか」ということを目的に行った第一回目の調査がきっかけで、孤立化や孤独死問題などが地域の現実の課題であることが明らかになり、調査結果を分析し対応策を考えました。調査の結果は、「この地域に住み続けたい」が九四％を占めましたが、「定年退職した人が活動する拠点がない」「年を取ると近所づきあいがだんだん希薄になる」「商店がみんなシャッター通りになっていて若い人に人気がない」「町がダサい」、そんな意見が出ました。

この第一回目の調査は、当時の人口九〇〇〇人・四〇〇〇世帯の二〇％を対象に行って、そのうち五六一世帯から回答を得ました。その時の、「自由に出入りできる居場所がない」、「定年退職した人たちのボランティアの場所があったら」という高いニーズに応えてま

デイ・サービスセンターにて

ず取り上げたのが、定年退職した人たち、お年寄りのたまり場をつくろうというものでした。川崎市には空き店舗活用助成金という制度があり、二年間、家賃の半額が補助されます。「コスモスの家」では、この補助事業を利用してシャッター通りを住民のニーズに応じて開放し、地域交流の場として活用しようということになりました。それが形となったのが「三田ふれあいセンター・コスモスの家」で、場所の提供は「コスモスの家」が行って、運営してくれるのはみなボランティアのみなさん、運営はほとんど男性、定年退職した人たちです。この「ふれあいセンター」の開設が、三田の商店の協力で、やがて「三田ふれあいまつり」を生み、今年二〇一八（平成三〇）年で一六回を迎え地域にしっかり定着してきました。

「ふれあいセンター」では、昼食会、ハーモニカ愛好会、ヨガ教室、麻雀教室などがボランティアの運営で続けられています。健康マージャンクラブは、「かけない」「のまない」「すわない」がモットーです。利用料はみんなで決めますが、午後一時から五時までで利用料は六〇〇円としました。始まる時に日本茶、午後三時にコーヒーが出ます。これがすごく人気です。申込制ではないので、初心者でも誰が来てもいい。だから、利用者が三人しか集まらなかったら四人のボランティアさんが入り、それでも足りなかったら事務局の私たちも引っ張り出されることになります。企業で働いていた時にやりたいと思っていたができなかったことが

デイ・サービスセンターにて

ここでできる、そういう生きがいを与えることにもつながっています。「ふれあいセンター」が、定年後の人たちの居場所になっているのです。

こうした動きのなかで、地域懇談会が何回か開かれ、そこからアクション・プログラムが生まれ、三田におけるまちづくりが進んでいきました。

調査活動で地域のニーズに視点を移す

一方、制度事業のほうは、はじめは介護保険のサービス提供を行うことで精一杯でしたが、現在はまちづくりに視点を切り替えています。

川崎市の人口は現在約一五二万人、高齢化率は二〇・一％で、六五歳以上の高齢者は約三〇万人にのぼります。このうち四万八〇〇〇人強が介護保険の利用者です。つまり残りの約二五万人あまりの高齢者が介護保険サービスを利用せず、なんとか自力で暮らしている勘定になります。そういう方たちは、介護保険の世話にならず、施設ではなく現状のままの生活を望んでおられますが、この地域には高齢者が集まれる福祉の拠点がなく、地域での協働をどのようにつくりあげていくかが大きな課題になっています。

三田地域には、団地・マンションの管理組合と町会・自治会が一八あり、民生委員が九人、児童委員が二人いてこの地域を担当しています。「コスモスの家」では、「孤立させない」「孤立死を出さない」を合言葉に、まずは安心して住み続けられるためのネットワーク

三田ふれあいまつりの男性ボランティア

づくりをめざそうということになりました。

ちょうど一九九八（平成一〇）年に始まった地域福祉計画づくりのなかで、行政も計画づくりを住民参加で進めるよう進言していましたので、これは千載一遇のチャンスと思い社協にも働きかけたのですが、「独自に進めてください」と言われたことから、「コスモスの家」が事務局となり、地域調査を行ってみることになりました。

第4章　二回の調査

一回目「三田のまちは住みよいか？」、二回目「安心・安全なまちづくりのために」

二〇一〇（平成二二）年に実施した二回目の調査では、三田地域調査研究会をつくり、明治大学の園田眞理子教授と一緒に調査活動を行いました。園田先生は建築が専門ですが、福祉と住宅は切り離せないという持論を展開されることから、共同調査に入ったのです。五四〇〇世帯のうち四〇〇〇世帯を対象に行いました。明治大学の学生も加わって調査研究会でアンケート調査の中身を検討し、調査項目を作りました。

調査票を五四〇〇世帯のうち四〇〇〇世帯まで手渡しして、一三〇〇世帯から協力を得ることができました。その結果から明らかになったことは、お盆もお正月もゴールデンウィークも食べ物の購入はコンビニを利用していて、中には宅配利用もありましたが、一人で暮らしているという人が一〇三世帯いたことです。園田教授などいろいろ

キケンなところはないか調査

な方々が調査結果を見て、「ではその人たちを招待しよう」ということになりました。それが八月一五日に開かれた「だんご汁の会」と、一月中旬にもたれた「初釜の会」で、どちらもすでに七回を迎えます。「だんご汁の会」には、明治大学の建築科の学生さんと生田中学校の生徒会のみなさんにも食べていただきましたが、参加された高齢者の方からは戦後の食糧事情が語られ、「こんなおいしいだんご汁ではなかった」など、涙ながらに話される場面もありました。

「初釜の会」は、明治大学の茶華道部の学生さんや中学生、「コスモスの家」のスタッフのお点前でお茶を楽しみ、しめくくりは百人一首で大盛り上がりとなって終了します。こうしたイベントも、地域にしっかり定着してきました。

学習の場としての「コスモスの家」

これも調査の中で出てきた要求ですが、川崎市の生涯学習センターは遠くて、高齢者は通えないという要求から二〇〇三（平成一五）年、「めだかの地域大学」がスタートします。これは高齢者の閉じこもり予防を目的として始まった生涯学習講座です。そのきっかけに、多摩区の保健師から高齢者の閉じこもり予防についての提案があり、スタートしたものです。「コスモスの家」が委託先となり、公民協働事業として区の保健福祉センターや在宅介護支援センターなどが共催して、多摩区から

絵　鈴木萌

地域と自治体シリーズ　自治体問題研究所 編

「補充的指示権」と地方自治の未来〈第40集〉	定価2530円	880377698
「公共私」・「広域」の連携と自治の課題〈第39集〉	定価2530円	880377209
TPP・FTAと公共政策の変質〈第38集〉	定価2530円	880376721
地方消滅論・地方創生政策を問う〈第37集〉	定価2970円	880376394
新しい時代の地方自治像と財政〈第36集〉	定価2860円	880376141
大都市における自治の課題と自治体間連携〈第35集〉	定価1980円	880376127
住民がつくる地域自治組織・コミュニティ〈第34集〉	定価2640円	880375731
都道府県は時代遅れになったのか？〈第33集〉	定価2724円	880375526
地域経済を支える地域・中小企業金融〈第32集〉	定価2750円	880375427

住民と自治

JUMIN TO JICHI MONTHLY

まちと暮らしと自治体の
今を伝える専門誌

編集　自治体問題研究所　B５判
年間購読（前納制）：9600円（送料込、年 12 冊）
バックナンバー：１冊 800円（送料別）

創刊
1963年

■お申し込みはお近くの書店か下記まで
■ＨＰからもお申し込みできます　www.jichiken.jp/

自治体研究社
〒162-8512 東京都新宿区矢来町123 矢来ビル4F
TEL：03-3235-5941／FAX：03-3235-5933
＊または地元の地域・自治体問題研究所まで

2025.7.25. 12000

集権型システムと自治体財政

「分権改革」から「地方創生」へ

川瀬憲子 著　定価2750円　880377438

国が進める集約型国土再編の政策で地方財政や地方自治に及ぼした影響を検証

五訂版 習うより慣れろの市町村財政分析

基礎からステップアップまで

大和田一紘・石山雄貴・菊池　稔 著　定価2860円　880377308

財政分析の入門から統計局のデータベース(e-Stat)まで対応した必携の一冊

構造改革・アウトソーシング

公園の木はなぜ切られるのか

都市公園とPPP/PFI

尾林芳匡・中川勝之 著　定価990円　880377667

「公園PFI」という手法を用いて、都市公園の民間化、産業化する動きを検証する

行政サービスのインソーシング

「産業化」の日本と「社会正義」のイギリス

榊原秀訓・大田直史・庄村勇人・尾林芳匡 著　定価1760円　880377223

イギリスが行うアウトソーシングした行政サービスを自治体に戻す、インソーシングの実際を報告

地域コミュニティ・社会教育

住民に身近だからこそ輝く自治の軌跡

全国小さくても輝く自治体フォーラムの会・自治体問題研究所 編

定価1980円　880377650

平成の合併の検証と自律・自立を貫いた小規模自治体の取り組みを多数紹介する

地域居住とまちづくり

多様性を尊重し協同する地域社会をめざして

中山　徹 編　定価3520円　880377629

日本をはじめ世界各国の住まうことの豊かさを求める市民の暮らしと活動を伝える

地方自治の未来をひらく社会教育

社会教育・生涯学習研究所 監修　辻　浩・細山俊男・石井山竜平 編

定価2530円　880377537

地域づくり、歴史を知る会、おしゃべり会など、さまざまな社会教育の取り組みを紹介する

歴史に学ぶ生命《いのち》の尊厳と人権

芝田英昭 著　定価1540円　880377773

人権抑圧の実相を歴史から学び、「抗う」ためには何が必要なのかを考える

基礎から考える社会保障

私たちの生活を支える制度と仕組み

村田隆史・長友薫輝・曽我千春 編　定価2970円　880377636

私たちはどのような社会に暮らしているのか、制度や仕組みを基礎から学び直す

社会保障のあゆみと協同

芝田英昭 著　定価1870円　880377421

社会保障の基本的枠組、歴史、協同の運動などと社会保障発展との関係性を紹介

「健康で文化的な生活」をすべての人に

憲法25条の探求

浜岡政好・唐鎌直義・河合克義 編著　定価2970円　880377384

生活に関するアンケート調査の分析と憲法25条の探究を通して現代を見る

防災・安全・災害復興

検証と提言 能登半島地震

自治体問題研究所・自治労連　地方自治問題研究機構 編

定価2420円　868260035

各分野のエキスパートが将来に向けて希望が抱けるような能登再生の道筋を探る

災害時代を生きる条件

住民自治・普遍主義・ケア実践

高林秀明 著　定価2970円　868260011

被災地に行き、被災者の声を聴き、災害対応を含む社会制度のあり方を問う

危険！ 建設残土

土砂条例と法規制を求めて

畑　明郎 著　定価1650円　880377407

全国に存在する危険な建設残土を報告し、土砂条例と法規制の必要性を説く

こども誰でも通園制度にどう対応するか

中山　徹・大阪保育研究所 編　定価1650円　868260028

制度、試行的事業、一時預かり事業との関係などを紹介し、市町村の対応を考察

学校は子どもと地域のたからもの

学校統廃合と小中一貫校にかわるプランを

山本由美・今西　清・柏原ゆう子 著　定価1100円　868260004

危機に迫る学校の実態を紹介し、解決に向けた運動の実践などを紹介する

地域から考える少子化対策

「異次元の少子化対策」批判

中山　徹 著　定価1100円　880377711

少子化に実直に対応する自治体の実例を取り上げ、抜本的な解決の方向を模索する

子どもへの無関心の政治とこども家庭庁

浅井春夫 著　定価2350円　880377704

政府のさまざまな「子ども」施策を詳細に分析して、批判的に検証する一冊

学校統廃合と公共施設の複合化・民営化

PPP/PFIの実情

山本由美・尾林芳匡 著　定価1100円　880377612

教育や民意を置き去りにする学校統廃合、公共施設再編の狙いとは何かに迫る

学童保育を哲学する

子どもに必要な生活・遊び・権利保障

増山　均 著　定価1870円　880377476

学童保育の歴史を見つめ直し、基本問題について子どもを中心に置いて熟考(哲学)する

学校統廃合を超えて

持続可能な学校と地域づくり

山本由美・平岡和久 編著　定価2750円　880377445

学校の統廃合が進められている中、子ども、学校、地域を守る各地の取り組みを紹介する

社会保障・福祉・人権

全世代型社会保障改革とは何か

国民健康保険と医療政策のゆくえ

長友薫輝 著　定価1430円　868260042

国民健康保険の「改革」、公的医療費抑制策により現状はどうなったかを概括する

地域づくり

住民アセスのすすめ

環境アセスメントと住民自治
傘木宏夫 著　定価1980円　868260066
住民などが開発行為の影響と対策を事前に検討する取り組み、住民アセスを紹介

アグロエコロジーへの転換と自治体

生態系と調和した持続可能な農と食の可能性
関根佳恵・関　耕平 編著　定価2750円　880377742
農と食の危機を打開するアグロエコロジーの実践、社会運動の広がりに注目

移動から公共交通を問い直す

ロナ禍が気づかせたこと
茂 著　定価1980円　880377728
マンド交通、相乗り、電動自転車など、移動手段の多様化、新しい政策を提言

ネ乱開発

壊と住民のたたかい
著　定価2970円　880377681
発による災害、トラブル、住民運動の取り組みから開発の新しいあり方を提示する

源入門

ネルギーを活かした地域づくり
定価3520円　880377643
可能エネルギーの全体をまとめた日本初の書籍。活用した自治体の事例付き

地方自治・民主主義

のない世界を築くために

する地域・自治体の役割
熙巳・渡久地政志・達可洋平 著
073
治体の役割とは。日本被団協・田中熙巳インタビュー収録

副市町村長のしごと

「ナンバー2」視点の自治体マネジメント
渡邉　誠 著　定価1980円　880377735
2018年4月から宮城県登米市の副市長を務めた筆者が、職務、内実を書き表す

地域から築く自治と公共

中山　徹 著　定価1210円　880377674
「自治と公共性の再生」の観点から、地域を変える主体形成について熟考する

国家安全保障と地方自治

「安保三文書」の具体化ですすむ大軍拡政策
井原　聰・川瀬光義・小山大介・白藤博行・永山茂樹・前田定孝 著
定価1980円　880377575
国が進める国民の命と生活を根源的に脅かす「戦争する国」づくりの問題点を探る

辺野古裁判と沖縄の誇りある自治

検証 辺野古新基地建設問題
紙野健二・本多滝夫・徳田博人 編　定価1650円　880377551
辺野古問題は日本の法治主義と地方自治の問題。国と沖縄の正しい道筋を明示する

私たちの地方自治

自治体を主権者のものに
岡田知弘 著　定価1430円　880377469
自治体を取り巻く課題をわかりやすく解説する。職場、地域での学習の参考書として必携

学校・子ども・子育て

豊かな学校給食の「無償化」をめざして

地産地消とオーガニック給食の可能性
朝岡幸彦・渡辺繁博 編著　定価1320円　868260080
給食の制度、しくみ、政策動向と実践に注目し「未来に開かれた給食」を考える

少子化に立ち向かう自治体の子育て政策

中山　徹 編著
丸谷聡子・井上治夫・保坂展人・岡庭一雄・黒柳紀春・高橋　治 著
定価1870円　868260059
先駆的な子育て政策を展開する自治体の首長、行政担当者がその実践を語る

デジタル化

公共サービスのSaaS化と自治体
本多滝夫・稲葉一将 編著　稲葉多喜生・神田敏史・眞田章午 著
定価1540円　880377759
保育などSaaS利用の実際を解説し、自治体が契約を結ぶ場合の視点を提案する

マイナンバーカードの「利活用」と自治
主権者置き去りの「マイナ保険証」「市民カード」化
稲葉一将・岡田章宏・門脇美恵・神田敏史・長谷川薫・松山　洋・森脇ひさき 著
定価1430円　880377582
健康保険証などとマイナンバーカードの紐づけが進む中、個人情報は守られるのか検討する

デジタル化と地方自治
自治体DXと「新しい資本主義」の虚妄
岡田知弘・中山　徹・本多滝夫・平岡和久 著　定価1870円　880377544
地方行政のデジタル化は集権制の性格を強め、自治の基盤を根本的に揺るがす

医療DXが社会保障を変える
マイナンバー制度を基盤とする情報連携と人権
稲葉一将・松山　洋・神田敏史・寺尾正之 著　定価1210円　880377513
健康保険証を廃止しマイナンバーカードに一本化させようという政策のねらいは何かを探る

保育・教育のDXが子育て・学校、地方自治を変える
稲葉一将・稲葉多喜生・児美川孝一郎 著　定価1100円　880377483
教育DXの動向をふくめ、デジタル化が子育てと公教育、地方自治にもたらすものは?

デジタル改革とマイナンバー制度
情報連携ネットワークにおける人権と自治の未来
稲葉一将・内田聖子 著　定価990円　880377391
マイナンバーカードとマイナポータルを中心とする情報連携強化の意味することに迫る

医療・公衆衛生

感染症と教育
私たちは新型コロナから何を学んだのか
朝岡幸彦・水谷哲也・岡田知弘 編著　定価2530円　880377605
コロナ禍は教育にどのような影響を与えたのか、国、自治体などの対応から迫る

医療・公衆衛生の法と権利保障
伊藤周平 著　定価2310円　880377568
患者の権利（生命権、医療を受ける権利）から、法制度の問題点、課題を説く

コロナ対応にみる法と民主主義
Pandemocracy［パンデミック下のデモクラシー］の諸相
市橋克哉・榊原秀訓・塚田哲之・植松健一 著　定価1870円　880377414
コロナの事象を法と民主主義の観点から分析し、地方自治と民主主義のあり方を見つめ直す

地域経済

人間復興の地域経済学
地域とくらしの歴史・理論・政策
岡田知弘・岩佐和幸 編著　定価3960円　880377780
地域を土台に人々の暮らしを立て直す「人間復興」の観点から諸問題を追求

増補改訂版 地域づくりの経済学入門
地域内再投資力論
岡田知弘 著　定価2970円　880377117
待望のリニューアル！　地域再生と持続的発展の道をいまあらためて示す［理

自治体財政

地方財政の新しい地平
「人と人のつながり」の財政学
森　裕之 著　定価1980円　880377766
人のつながりを公共政策の柱に地方財政の新しい地平を表す［

入門 地方財政
地域から考える自治と共同社会
平岡和久・川瀬憲子・桒田但馬・霜田博史 編著　定価
地方財政の歴史、制度の解説と評価、地域経済などの

自治体財政を診断する
『財政状況資料集』の使い方
森　裕之 著　定価1870円　880377506
『財政状況資料集』から自治体の課題を捉える。自治体

年間五〇万円の補助を受けて実施してきました。講師も自前で、地域の人たち、定年退職した人たち、近隣の開業医（内科・整形外科）などが登録生徒になっています。

「めだかの学校」の唄の通り、「だーれが生徒か先生か」にちなんで、参加者が互いに学び合い多様な参加の場を毎回設定しています。主に健康づくりをテーマにした内容が多く、近隣の医師が協力してくれていて、今までにほとんどの診療科を網羅しています。さらに最近では、文化的な活動にも幅を広げ、地元生田中学校吹奏楽部の演奏会や地域の母親サークル、バイオリニストの演奏を企画したり、子どもとおとなとでカレーライスをつくって交流を深めるなどしてきました。

もう一つの学習の場「うごくシンポジュウム」

学習の場としてはもう一つ、「うごくシンポジュウム」があります。「コスモスの家」の活動が始まった一九八九（平成元）年からすでに毎年一回行われてきた、「ミニ福祉講座」と楽しい観光バスツアーがセットになっています（「うごくシンポジュウム」のこれまでの歴史については四三ページ参照）。全国の先進的な福祉事業施設の見学と親睦を兼ねて、二泊三日という本格的なツアーですが、社会福祉に関する知見を広げる役割を担っています。参加者はおおむね二〇人前後、「コスモスの家」のスタッフやボランティアのほか、地域の施設の職員や看護師さんも参加しています。レンタカーのマイクロバスを運転してくれているのは、元市バスの運転手という信頼のおける方です。

地域をつくっていく、創造していくのは行政機関や専門家の学者ではなく、地域計画を自らつくりそれを行政に提言していく、つまり市民の声を計画づくりに反映させていこうというための下地として、こうした学習の場が設定されていると言えます。

要求の実現を図る「まちづくり委員会」

また調査も大事ですが、私たちは実際に計画をどう実現させるかが大切だと考えて、「地域調査委員会」を「三田まちづくり委員会」に昇格させることにしました。会長・副会長には、キャリアを持った定年退職者に就任していただきました。「まちづくり委員会」では、調査から出てきた意見をもとに、アクションプログラム（行動計画）をつくり、短期・中期・長期に課題を分けて、そのなかで、「自分たちだけでできる課題」、「公・民いっしょにやらないとできない課題」、「行政の予算がつかないとできない課題」に分類して、計画の具体化を図っています。

こうして、地域で安心して暮らせるまちづくりは私たちの手で確実に実現を図るよう手立てを尽くすようにしています。いままでの行政がよくやってきたように、説明会を開いてパンフレットを配っておしまい、というような計画づくりでなく、お互い情報交換をして対等平等に話し合い、行政・住民がいっしょになってつくっていく計画づくりに変えていくよう努力もし、行政との関係にも変化が現れていきました。

〇歳児から一〇四歳のお年寄りまで地域丸ごと

そうこうしているなかでいまから七年前、「レイディアントシティ向ヶ丘遊園」（フランス街区、イタリア街区）という七五〇世帯のマンションが「コスモスの家」がエリアとしている小学校区内に建ちました。でもこのマンションは、駅から離れているためバスを利用しなければならず、買い物も不便な場所であったため、ディベロッパーが保育園をマンションに併設しました。しかしそれが四年経って、経営がむずかしくなって一方的に撤退しました。

ちょうど私たちのまちづくり調査の最中にそういう問題が発生したため、「企業が撤退した事業を受けるのは問題だ」といった反対意見もあったのですが、『コスモスの家』は、子どもからお年寄りまで地域の問題として受けるべきだ」ということが課題となり、臨時総会を開き、定款を変更して、二〇一二（平成二四）年に「こすもす保育園」を開園しました。それが現在は、川崎認定保育園となって継続しています。

いま一〇四歳の方がデイサービスに通所されていますから、まさに保育園のゼロ歳児からお年寄りまで「コスモスの家」は地域のニーズを引き受けているということになります。

デイサービスセンターのお年寄りと遊ぶ園児たち

地域に開かれた保育所運営

国は、二〇一五（平成二七）年四月から「子ども子育て支援新制度」をスタートさせています。福田紀彦・川崎市長は待機児童ゼロ作戦を立てて、待機児童解消を最重点課題として取り組んでいますが、川崎市ではいま、小学館など企業がチェーン店のように保育事業に参入してきています。保育園の運営は、企業、社会福祉法人がほとんどで、私たちのようにＮＰＯ法人が経営を行うのは少ないです。「こすもす保育園」は定員二五名、団地、マンションの子どもなど地域の子どもがほとんどです。「こすもす保育園」は、法人代表、マンション管理組合代表、保護者代表、職員代表を入れた運営委員会を作っています。ワークシェアリング、ワークライフバランスの考え方を取り入れて、資格を持っている人を引き出して短時間働いていただき、マンションで資格を持った母親たちと一緒に運営しています。企業保育園のような効率重視ではなくて、子育てで困ったときは、地域の子どもも気軽に受け入れています。子どもたちを地域の中で育てていくという理念のもとで、女性が安心して預けられる保育園をめざしています。人件費比率は七五％です。

第5章　介護保険制度に声を上げる

介護保険制度改正にどう対応するか

二〇一五（平成二七）年の介護保険法改正によって、「要支援1・2」の高齢者が介護保険給付から外されて、川崎市では二〇一六（平成二八）年四月から地域支援事業に移行しました。「有馬コスモスの家」の事業は川崎市の委託事業ですが、二〇一七（平成二九）年度で廃止となりました。

私たちは、その後をどうするかについて、小さなNPO法人や自主運営している小さな事業所などで、大阪社会保障推進協議会介護保険対策委員の日下部雅喜さんを講師にお迎えしてアドバイスをしていただき、「介護保険制度をよくする会」を立ち上げました。「よくする会」では署名活動も行い、国会請願や川崎市長要請、各種委員会の傍聴をしてきました。

介護保険の取り組みは、川崎市と共同で行っていくことが大事なので、二〇一六（平成二八）年四月から行う地域支援事業の中身に対して、私たちは要望書を出し市との話し合いを行っています。また小さな事業所が集まり、自治会などと定期的に市と話し合いをしています。この集まりの事務局は「コスモスの家」が担っています。この間、『介護保険制度をよくする会　速報』を№９まで発行しています。

川崎市は二二年間の革新市政を経験していますし、最初に書いたように、特に三田のまちは新しい街でしたから、住民自治にもとづいて自分たちが街を作ってきたという自負を持っています。また、力も持っていると思います。

いま国が自助・互助・共助・公助論を打ち出しましたので、自治体の責任が曖昧になっていると感じています。介護保険の利用者でも、所得によって利用者負担が二割になったことで、お年寄りがサービスの利用回数を減らしたり、ホームヘルパーの利用時間を減らしたりしています。

他の事業所は「要支援１・２」の利用者をお風呂に入れなくなっていますが、「コスモスの家」はそういう制限をしていないことから、「お風呂だけ入れて欲しい」という要望が私たちのところへ寄せられるようになっています。

地域のよろず相談センターとしての役割

川崎市では総合事業の開始は二〇一六（平成二八）年度からですが、すでに利用抑制が進んでいるのです。こうした状況にあるとき、「コスモスの家」は介護保険サービスを提供するだけではなく、安心・安全に生活できる街のよろず相談情報提供センターの役割を果たさないといけないと考えています。

私は元川崎市社協の理事でもあり、区長推薦で、多摩区地域包括支援センター運営協議会の八人のうちの一人になりました。地域包括支援センターは中学校区に一つです。それを小学校区に一つに拡充して欲しい、あるいは特区にして欲しいと要望しています。動き出さないといけない、実績を作らないといけないと思っています。

やはり「デイサービスからまちづくりへ」、このように「コスモスの家」は視点を変えて、安心安全な街をつくるということで発展してきたのです。すでに始まっている介護保険改定にどう立ち向かうか、「コスモスの家」は多様な多くの資源を持っています。三〇年間培ったネットワークがあります。ネットワークの力と同時に、いろいろな居場所も持っています。例えばチラシ二五〇〇枚であれば、二、三日で全戸配布できる地域力、福祉力を持っています。多様な資源を持っていることを活かして、ピンチをチャンスに変えていきたいと思います。

社会保障そのものを揺るがす二〇一五年介護保険制度「改定」

介護保険制度は三年ごとに改正されますが、私たちは改定ごとに営業時間を伸ばしたり、いろいろな工夫をして利用者のみなさんのニーズに応えてきました。私自身も介護支援専門員ですが、理事長も副理事長もニーズに応じて

マルチに働き、必要があれば草取りも利用者との契約で行います。このように改定のたびに工夫をして乗り越えてきましたが、今回の改定はそうした努力や営業努力、みんなの創意工夫で、乗り越えられるような中身の「改定」ではなさそうです。というのは、今回の改定は、根本的に社会保障そのものを揺るがせにする改定だからです。事業を提供してきたＮＰＯ法人が潰れるのではないかとも言われ、すでにあらわれています。利用者からは「事業を続けていただけますか」といった不安の声が届いています。「要支援１・２」の方からは、「私たちはどうなるのですか」と不安の声が聞かれ、非常に心配をかけています。その中でどう乗り越えていくのか。自分たちで勉強し運動する中で答えを見出していくしかありません。

重要なのは、地域内の小さなＮＰＯ法人や事業所と横つなぎの活動をして、市に迫っていかないといけないことだと思っています。

まとめ——子どもから高齢者までの安心・安全を支える

住民の声こそ「コスモスの家」のパワーのみなもと

三田の街が開発されて五〇年になりました。川崎市多摩区の西三田団地の集会所和室から始まった「コスモスの家」の活動は、主婦たちのボランティア活動を基盤にして、日本国憲法をよりどころに介護保険三事業・「こすもす保育園」を加えて九事業を行うまでに発展してきました。スタッフ、ボランティア、社会福祉協議会等、地域ぐるみの支援を受けて、この三田のまちに根付いてきたのです。

「コスモスの家」の活動範囲は川崎市立三田小学校区域であり、支える側も支えられる側も同じ地域住民です。「コスモスの家」が一九八九（平成元）年、最初に取り組んだミニ・デイサービスから、二〇一二（平成二四）年に始まった保育所の運営、「三田ふれあいセンター」も含め、ご紹介したようにその多くの活動は地域住民の声から生まれてきました。二回の地域調査や普段の活動の中で住民のニーズを拾い、それを具現化しているのが「コスモスの家」の活動の手法です。

「主婦たちのつくった暮らしの砦」というキーワードにもあるように、「コスモスの家」は小学校区内の主婦が集まって勉強し始めた活動で、子育てや介護を通して地域と関わる主婦が地域の問題を受け止めて一つひとつの活動につなげてきました。住民の声を大事に受け止めることが、地域に根差した活動をする上での基盤となっていると同時に、それが「コスモスの家」のパワーのみなもとともなっているのです。

川崎市は今回の国の介護保険制度改定のガイドラインを受け、「地域包括ケアシステム推進ビジョン（案）」の作成に当たり、「自助」「互助」「共助」「公助」と区分し、全市民にこの方針の共有を求めています。そして「これからの老後生活は自己責任と互いの助け合いで」とし、それによって自治体行政の責任があいまいになって来ていることは前にも書きました。

「コスモスの家」はそうした市に対して、介護保険のみのサービス提供にとどまらず、安全で安心して生活できる、二四時間三六五日まちの「よろず相談・情報提供センター」の役目を果たさなくては、と考えます。福祉サービスは本来、「必要な人が、いつでも、だれでも、利用できるサービス」であるべきとの立場から、「コスモスの家」はこれまで会員制度をとってきませんでした。地域に住む人ならだれでも、めんどうな手続きなしにサービスが受けられ、どんな生活条件のもとでも、それぞれの幸せを求める権利があり、人間として一人ひとり大切にされなくてはならない、という理由からです。

NPO法人の役割を見つめて

そもそもNPO法人というのは、社会的な課題に対して、自主的・主体的に取り組む市民の活動を指しています。その意味で、介護の社会化、家族介護の軽減をめざし、高齢者が住みなれた地域で生き生き暮らせるためのお手伝いをするという「コスモスの家」の事業は、まさしくNPO法人にふさわしい活動だと思っています。

現在のNPO法人秋桜舎「コスモスの家」の運営資源は、介護保険の事業収入と行政からの委託事業による補助金、助成金、そして市民からの寄付と「コスモスの家を支える会」のボランタリーな物心両面の支援によっています。現在、NPO法人に対する税制では、介護保険事業は収益事業と見なされ、一流企業並みの課税がなされます。NPO法人で優遇措置の対象になっているのは、全国で一〇カ所に満たない現状で、介護保険枠外のボランティア事業や予防活動を安定的に行うには、幅広い財政支援が必要となります。その意味で、行政とNPOとが、下請け上下関係でなく、どうパートナーシップを組んでいくかが問われなければなりません。

日本国憲法第二五条は「すべての国民は健康で文化的な最低限の生活を営む権利を有する。国はすべての生活部面について、社会福祉、社会保障及び公衆衛生の向上及び増進に努めなければならない。」とあります。NPO法人「コスモスの家」は「子どもから高齢者までの安全・安心のまちづくり」と介護保険制度の枠を超えて、地域に住むすべての人たちを視野に入れ、行政と協働して、住民とともに「地域包括ケアシステム」をつくりだして行かなければならないと考えます。

三〇年間積み上げた地域のネットワークと多様な資源を持つ「コスモスの家」が地域ケア会議に参画、地域のニーズを調査した結果にもとづいて積極的に提案し、先進的な非営利事業体としての展望を切り拓きたいと思っています。

おわりに――継続は力なり

「コスモスの家」ができるまで――初期のころ（一九八〇年代）は、乳幼児、小学生の子育てを終えて、収入を得る職場探しをしたり、また、育児や家事に追われた日々を取り戻そうとして資格取得や趣味などに打ち込み始めた日々という矢先に、主婦たちを待っていたのは、老い行く親の介護や高齢者の孤立化問題でした。そこで私たちは、一九八九（平成元）年、「多摩・麻生高齢者福祉研究会」を組織しました。「この研究会で学んだことを実践へ」という思いで、私たちは「コスモスの家」を始めました。

二〇〇〇（平成一二）年、介護保険制度導入により、「措置から契約へ」となり、企業参入が始まりました。この時、当時のＮＰＯ法人が占める割合は一％にも満たなかったのです。それから一八年を経た今日、介護保険制度の改定ごとに、利用者や家族にとって使いづらい制度になりつつあります。

ＮＰＯ法人や市民参加型の事業体も、かつてのように行政との協働ができにくくなっています。川崎市は、国より率先して「我がこと、丸ごと地域共生社会」と言い、互いに助け合ってボランティアで、とよく解らない「健幸福寿プロジェクト」をすすめています。その中身は、福祉介護事業や保育事業を産業化し効率化することです。企業は、効率性の低い生活支援事業からの撤退を簡単にすすめていきます。

そうした状況だからこそ、地域に根差し、ニーズがある限りそれに応えて事業を続けてきたNPO法人「コスモスの家」の存続に、大きな意義と役割があるものと思われます。

近い将来、福祉の世界にもITや人工知能を備えたロボットなどが導入され、新しい時代を迎えるものと想像されます。こうした未曾有の技術の発展を、人間が使いこなし、豊かな福祉に恵まれた社会がつくり出される夢を、次世代の人に託し、また期待したいと思います。

ブックレットの発刊にあたって

三〇周年を迎えて、「コスモスの家」が歩んできた年表をまとめようと企画しましたが、結果的にブックレット三部作の出版となりました。

これまで、次の三冊を発刊したことになります。

○『主婦たちがつくったミニ・デイサービス―『コスモスの家』よいとこ一度はおいで―』（一九九七〔平成九〕年九月一日）

○『デイ・サービスからまちづくりへ―主婦たちがつくったNPO「コスモスの家」―』（二〇〇五〔平成一七〕年四月二〇日）

○『主婦たちがつくった〝暮らしの砦〟―NPO「コスモスの家」の二〇年―』（二〇一一〔平成二三〕年六月二五日）

このほかに、市の事業廃止にともなって発刊した『人生のゴールを迎えるまで―有馬コスモスの家の人々―』があります。

「コスモスの家」のブックレット三部作と二〇年史の出版に際して、自治体研究社の竹下登志成さんにはこれまで二〇年余、かかわり続けていただきました。この場をお借りして、心からの感謝とお礼を申し上げます。「三〇周年のつどい」に間に合うよう、私を叱咤激励してくださったこと、ほんとうにありがとうございました。

二〇一八（平成三〇）年九月一日

渡辺ひろみ

「うごくシンポジュウム」の記録［感じたこと、思ったこと］

「うごくシンポジュウム（後にシンポジウム）」は平成元年からその平成を駆け抜けるように毎年一回開催されてきた宿泊付きの学習の場であり、また「コスモスの家」に集うみなさんの楽しい交流の場であると同時に観光の場でもあります。全国の先進的な福祉関連施設を訪ね、刺激的なお話をうかがうことで、私たちが市民としての学習を深めていく貴重な機会でもあります。その歩みをつづってみます。

第1回「うごくシンポジュウム」（1989［平成元］年7月17〜18日） 長野／佐久総合病院

長野県の佐久総合病院では、当時としては先駆的な在宅医療活動が、若月院長を中心に始まっていました。

まずは、若月先生から、「医師自ら、一人暮らしや昼間独居老人を訪問する」という活動の意味をお聞きし、施設見学からさまざまなことを学びました。

農協のそのモデル事業として、老人保健施設も運営されていました。一人暮らしができなくなったら、すぐ特老施設に入所するのではなく、デイ・サービスや医師、看護師の訪問活動によって、住みなれた自宅で子どもや孫と暮らせる在宅生活がそれによって保障されることを学びました。

山梨の美術館では地域文化にも触れることができました。観光では、八ヶ岳にある川崎市の保養所で宿泊し、散策を楽しみ、鯉のかんろ煮のおいしかったことなどが印象的でした。

第2回「うごくシンポジュウム」（1990［平成2］年7月5〜7日）
岩手県沢内村

「自分たちで生命《いのち》を守った村」で名高い岩手県和賀郡沢内村（現西和賀町）を、押しかけるような形で訪ねました。対応してくださった社協の方には感謝しています。というのは、人口五〇〇〇人弱、四二の集落が一直線に連なっており、その昔は雪と貧乏と病気の村で、健康度のバロメーターである乳児死亡率が高い村だったこと、そんなこの村を、深沢晟雄《まさお》村長と教育委員長が先頭に立ち、命をまもる村づくりをして、「保健と医療の一体化」をなしとげていることなどをうかがうことができたからです。

　また、大きな関心をもったのは、医療費の無料化でした。深沢村長は議会で「医療費無料というのは先進諸国のすべて目指しておるところであり、国がやらなければ、やるまで私がやろうということであります。国は必ず私のあとをついてくることを信ずるものであります」と答弁したことが、病院の壁に看護師さんが布切れに印刷して貼ってありました。確かに、後に、国の政策でも医療費無料化となりました（現在は有料化に戻ってしまいましたが……）。

佐久総合病院のホールにて

この深沢村長の言葉は、訪ねた私たちを勇気づけました。なぜかといえば、川崎市に、「コスモスの家」への助成金を要望した時に、「元気なお年寄りを集めて遊んでいる活動に、大事な市税は出せない」と言われたことがあったからです。……あれから三〇年経た今、デイ・サービスやカフェが至る所にあり、事業化され、国はそれを一大産業にするまでになりました。

もう一つ沢内村で学んだことは、民主主義というのは、住民自ら立ち上がって、住民自らが組織をして、住民自らが計画を立てて、住民自らが実行して、足らない部分を村や市が補助していくというかたちではじめるのがルールであることです。私たち「コスモスの家」も、常にこのルールをめざしてきました。

観光は盛岡市を中心に回りました。石川啄木の生まれ故郷である旧渋民村（その後、玉山村と名を変え、現在は盛岡市内）、そこに啄木が教師となって教えていた木造の小学校がそのまま残されていました。啄木が妻の節子と新婚生活を送った家などなど。そして、お土産は啄木の「詩」かるた。

第3回「うごくシンポジュウム」（1991［平成3］年10月2〜3日）岐阜県池田町、特別養護老人ホーム「サンビレッジ新生苑」

昨夜まで降った雨がうそのように晴れた一〇月の二、三日、「コスモスの家」の利用者、ボランティア、スタッフの二五名が、岐阜県の池田町を訪ねました。この町は人口二万、デンマークのカルンボー市と福祉友好の交流を行っていて、町長が率先し、また町民、社会福祉協議会が一体となって、老人のケアシステムづくりをすすめています。そして、記録映画『安心して老いるために』のロケ地にもなりました。

その町の中心に、全国から見学者の絶えない特別養護老人ホーム、「サンビレッジ新生苑」があります。見学をしたその日は、入居者、デイ・ケアに来た人、家族などで、混合ケアの日でした。太陽がさんさんと差し込む広い食堂で、ボランティアのお点前によるお茶会が催されていました。

寝たきりにしない「苑」の方針どおり、車椅子のお年寄りたちが大勢で、訪ねた私たちと握手をしたり抱きついたりスカートの裾をひっぱって、離してくれないお年寄りもいて、うれしい悲鳴でした……。

私たちを案内してくださった介護部長の大橋さん（やさしい男性でした）、そして石原美智子施設長の、この世の老人の理想郷を求めていっぱいもっている夢とみんなの力を頼りに、「安心して親をまかせられるような」、そして「自分が入って満足できるような」ホームづくりが、地域とともに行われている、そんな心温まる施設を感じました。

観光は、明治村と犬山城でした。

第4回「うごくシンポジュウム」（1992［平成4］年10月12〜14）秋田県大森町

今回企画したのは福祉施設見学で、秋田県大森町（現横手市）にある南部老人福祉総合エリア

を総勢二〇名で訪問しました。

そこには、都市に比べて高齢化が進む農村地帯でお年寄りが生き生きと地域社会の中で暮らすために、秋田県や大森町が、一〇年の構想をもって建設された二一の施設がありました。県の南部、小高い丘の一帯に、廊下でつながれた各施設があります。

国の言う在宅介護とこの総合エリアとのつながりはどうなんだろうか。不十分さはあるにせよ、県が、いや行政がその気になれば、どんなものでもできるものだという思いをつよくした施設見学でした。

二日目、福島県の裏磐梯の紅葉の美しさは、私たち一同を魅了し、ほんとうに心にしみる美しさを満喫しました。五色沼のあの色は、また私たちの心を神秘の国に引きずり込みました。

みなさん、いい旅でしたね。

［エリアの施設］

1　在宅老人介護センター　　2　診療・リハビリセンター
3　コミュニティセンター　　4　野外スポーツ施設
5　屋内運動広場　　6　屋内温水プール
7　生きがい農園　　8　生きがい創作館
9　特別養護老人ホーム　　10　痴呆性老人専用棟

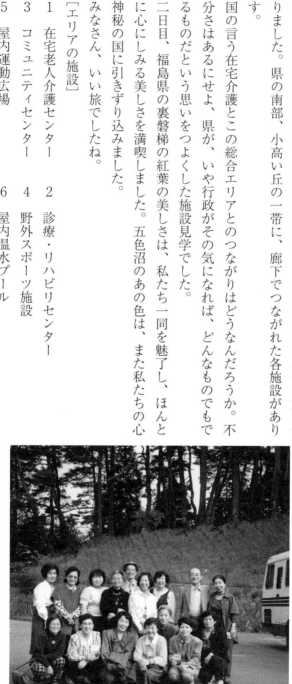

11　養護老人ホーム
12　軽費老人ホーム（ケアハウス）
13　老人専用マンション
14　子どもと老人のふれあいセンター（平成二年四月）
15　生きがい交流広場
16　サプライ・エネルギーセンター
17　車庫・職員住宅
18　環境整備
19　町営（一般公営）住宅

第5回「うごくシンポジュウム」（1993〔平成5〕年11月16〜18日）

兵庫県尼崎市「喜楽苑」京都府「原谷こぶしの里」

工業都市、川崎市によく似た関西の工業都市、尼崎市にある特別養護老人ホーム「喜楽苑」と、京都府の小高い土地を賛同者が一坪、二坪と購入して建設された「原谷こぶしの里」を見学・交流しました。

「喜楽苑」は、地域に支えられた老人ホームとしてテレビでも放映されましたが、「コスモスの家」のスタッフや運営委員、ボランティア、利用者など総勢二〇名を心よく迎えてくださいました。施設長の市川禮子さんは、狭い敷地に立てられたホームの中で、高齢者のプライバシーをどう守っていくか苦心し、カーテンを二重、三重にしたり、さまざまな工夫をしている事、また居住者が主人公と考え、決して上からものを言わず、相手の目の高さになって「〇〇していただけますか」と対応していることなど、情熱を込めて、施設運営の心意気を話してくださいました。

見学をした私たちの共通の思いは、建物は狭く、お世話するヘルパーさんも大変だろうと、なのに遠慮しながら、心を閉ざし、辛抱して生きてきた高齢者の気持ちをこれほどくみ上げ、人間同士として、本音で接している姿を見たことです。地域に支えられている話は生き生きしていて、本当の福祉は、人間の権利を認め合うところから始まるものなのだと、深い感動をおぼえたのでした。

第6回「うごくシンポジュウム」（1994［平成6］年11月8〜10日）京都市

機能を維持し、在宅生活をするためには、本格的なリハビリテーションが不可欠という現状から、公的な施設が求められています。そこで今回は、「京都市立リハビリテーションセンター」と「老人福祉センター」の二施設を見学しました。

（残念ながら、二センターの資料等が残っておりません）

観光は、京都市内の神社・仏閣、土産物店等で、それぞれ参加者の自由行動としました。

第7回「うごくシンポジュウム」（1995［平成7］年10月5〜7日）愛知県足助町《あすけちょう》

愛知県足助町で高齢者が働く「百年荘」、「ジージー工房」などを見学する旅でした。（以下は初参加の方から寄せられた感想文です）

私は、初めての参加でしたが、運転を担当してくださった為我井さんの素晴らしい腕前のおかげで、安心して、楽しくバスに揺られて目的地に向かいました。

まず、渥美半島の先端、伊良湖岬よりフェリーで鳥羽へ渡りました。鳥羽では三グループに分かれて好きなコースを選びましたので、私は真珠島へ行きました。（中略）簡保の宿に泊まり、夕食後には福祉の話を山本敏貢氏（総合社会福祉研究所主任研究員）からうかがい、意見を言いあい夜がふけていきました。

翌日は、足助町（現恵那市）福祉センターの「百年荘」で福祉の基本理念としての生涯現役をテーマに話を聞き、おいしいフランス料理に舌つづみを打ちました。朝六時頃、ズドーン、ドーンと大きな音に驚き、何事かと思ったら足助町のお祭りでした。

「百年荘」隣の、おじいちゃんたちがハムやウインナーづくりをしている「ジージー工房」を見学して、おばあちゃんたちが焼くパンのお店「バーバラハウス」でおいしいパンを買い求めました（どちらも若い専門職人が指導していました）。

時間が十分あったので、お祭りを楽しみ香嵐渓の風景を堪能してきました。帰りは、鉄砲隊の砲撃に送られて、足助城をあとにしました。

第8回「うごくシンポジュウム」（1996［平成8］年11月8〜10日）

奈良県「くれない子どもの家」

平成元年に「コスモスの家」を設立した当初から、「コスモスの家」には「こどもからお年寄り

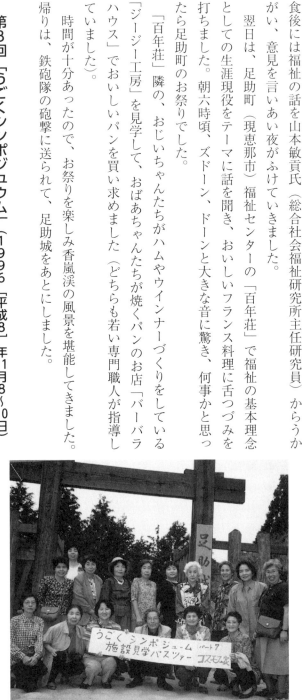

まで」という目標がありました。そこで第八回目の施設見学は、奈良県にある社会福祉法人「あけぼの会」が運営する、保育所に老人デイ・サービスセンターが併設された施設見学となりました。

保育所とデイ・サービスセンターの間には、園児とお年寄りが一緒に食事をしたり、お手玉などの伝承遊びを教えてもらったりできるように設計された、ガラス張りの明るい五〇平方メートルの交流室がありました。

（参考　それから一八年目にして川崎市認定保育園［定員二五名］のアットホームなＮＰＯ法人「こすもす保育園」が実現しました。ＮＰＯ法人、保護者、職員、マンション管理組合とが、それぞれ複数の代表で運営委員会を設立して運営しています。）

観光は、古都奈良、そして紅葉の吉野山でした。

第9回「うごくシンポジュウム」（1997［平成9］年11月14〜16日）

兵庫県西宮市「あしや喜楽園」

西宮市にある特別養護老人ホーム「あしや喜楽園」とケア付仮設住宅施設を見学する旅でした。

一九九五（平成七）年の阪神淡路大震災で、芦屋市で開園を待つばかりだったケアハウス付きの「あしや喜楽苑」は、入所者八〇名、職員四〇名も決まっていた矢先に地震に見舞われました。

一緒に遊ぶ、こどもとお年寄り

液状化現象で地盤はやられましたが、幸い倒壊はまぬがれました。しかし「建て替えに一四億円の費用がかかるとなると、一法人でなんとかできるものでなく、国や県などの公的援助が必要です」と、施設長の市川禮子さんは書いておられましたが、その後、見事に補修されて私たちを迎えてくれました。

一階はデイ・サービスなど、二階、三階は特老のベッド（スウェーデン製）、四階はいわゆるケア付有料老人ホーム（資格は芦屋市民であること）です。

観光は、城之崎温泉、神戸六甲山、神戸市内、そして六甲山から見た夜景を楽しみました。

第10回「うごくシンポジュウム」（1998［平成10］年11月14～15日）

神奈川県三浦市

今回は、「うごくシンポジュウム」一〇回目を記念して「三浦コスモスの家」を訪問しました。

「三浦コスモスの家」ができたきっかけは、「宮前コスモスの家」が、当時副理事長の自宅の離れを提供して週一回のミニ・デイサービスを開設しているのを見学した「三浦コスモスの家」の現理事長の湯浅里子さんが、自宅を開放してミニ・デイサービスを始めたことでした。「三浦コスモスの家」とは互いに励まし合ってきたことから、両

理事長宅の三浦「コスモスの家」

「コスモスの家」の交流会となりました。（二〇一七［平成二九］年で設立二〇周年を迎え、介護保険事業所を含めて地域に大きく根を張ったNPO法人「だんだん」となりました。）

見学は「三浦市老人福祉センター」、そして海藻温泉「かじめの湯」に浸かりました。

観光は、三浦市内「マリンパーク」、朝市、城ヶ島等で、宿泊は民宿「出口荘」（ここでのカブト焼は今も忘れられない）、お土産は冷凍マグロなどでした。

第11回「うごくシンポジュウム」（1999［平成11］年11月12～14日）和歌山県橋本市

平成一一年の「うごくシンポジュウム」は、一九九七（平成九）年に出版した『主婦たちがつくったミニ・デイサービス―『コスモスの家』よいとこ一度はおいでー』のブックレットを普及するため、初めて訪ねた橋本市のボランティアグループへの訪問でした。

これがきっかけで、橋本市社協が行っていたサロンも増え、それぞれ特徴ある四カ所のミニ・デイサービスが開設されました。今回施設を見学したのは、保健師が中心で、また農家の納屋を改造したミニ・デイサービス「ひまわりの家」でした。私たちを手作りの柿の葉寿司で迎えてくださり、一〇年来の仲間のような交流ができました。

（参考　その後、二〇〇五［平成一七］年、NPO法人「ささえあい橋本」を設立、事務所をつくり、人口六万人弱のまちで、子育て教室や移送事業などを大きく発展させています。また、二〇一五［平成二七］年には、市長を迎えて一〇周年のお祝いをしました。）

ちなみに「コスモスの家」理事長が、このNPO法人の顧問となっています。

観光は森の奥深く、龍の里や龍神温泉（日本の三大美人湯といわれています）を訪ね、高野山に参拝しました。

第12回「うごくシンポジウム」（2000［平成12］年11月17～19日）大阪府堺市

介護保険制度が導入された年であり、全国的にもNPO法人が設立され、特に、在宅生活の維持にむけて、ミニ・デイサービスセンターや介護保険のデイサービスが設立された時代でもありました。第一二回は、大阪府堺市にあるNPO法人「結《ゆい》の会」を訪問しました。

もともと病院内にあった「結の会」のボランティアグループが、NPO法人を設立しました。その当時の地域の高齢者の状態は、痴呆も増えつつあったのですが、住み馴れた地域で老後を過ごす、在宅へ、在宅へという風潮がありました。そうした状況のなかで、すでにある「結の会」の組織を生かし、定員四〇名のデイ・サービスセンターが設立されたのです。

職員は、介護士六名、アルバイト二名、給食係二名、運転手一名、ボランティア一～三名であり、午前八時三〇分迎えが始まり、午後三時におやつを食べて四時に帰宅というスケジュールです。

近所のボランティアグループ「ひまわり」が、土・祭日に昼食会を開いているほか、ここでは

かんぽの宿　富田林にて

ヘルパー養成講座三級、二級を開講しています。この二点は「コスモスの家」にも取り入れられると学びました。

観光は、那智大社に参拝、那智の滝などを見学しました。宿泊先の夕食に、鯨のさしみが出されたことが印象的でした。

第13回「うごくシンポジウム」（2001〔平成13〕年11月16〜18日）長野県松本市

「コスモスの家」は、歩いて通える小学校区にデイ・サービス施設の整備を目標にかかげて運営していたので、社協や行政とのかかわりがどうなっているのか、関心を持っていたこともあって、長野県松本市が展開していた「町会福祉」を訪ねることにしました。

松本市のとりくみの特徴として、

・生涯学習を基礎とした「福祉ひろば」づくり。

・「福祉ひろば」を、地区レベルでの住民の自主的な保健福祉活動の拠点に。

・「町会福祉」により、さらに身近な小地域福祉活動を展開。

担当者は、「『福祉のひろば』の設立を契機にした具体的活動により〝受け身の福祉〟から〝自分たちでつくる福祉〟へと住民の福祉意識の転換が起こった」と話されました。「住んでみたいま

松本市営国民宿舎にて

ち松本、住んでよかった松本」を市のスローガンにしているということばに、大きな示唆を得ました。

「介護保険」から「保健福祉のまちづくり」へ——小さな自治体のチャレンジに学ぶ。

帰りぎわに、「これからは、世代や時代の変化のなかで、町民意識も薄れていく可能性がある。現在、『町内福祉』の新しい姿が模索されている」ということばは、今もつよい印象が残っています。

観光は松本市内、奈良井宿など。

第14回「うごくシンポジウム」（2002〔平成14〕年11月15〜17日）大阪府阪南市

住民とともに先駆的に取り組まれた地域調査及び地域福祉計画づくりを学ぶことをテーマに、見学、交流会を行いました。

阪南市の当時の岩室敏和市長の、「夢をかたちに。ともに住みやすい阪南市を！」の講義を聞きましたが、全国に先駆けた地域調査をはじめ、地域福祉計画づくりからその実施計画にいたるまでの活動についてでした。そこでは、市と社会福祉協議会の連係プレーがうまくとれていることを学びました。この話は、後に「コスモスの家」が独自調査と地域福祉計画、アクションプログラムづくりに取り組み、そして計画を

阪南市社会福祉協議会玄関前にて

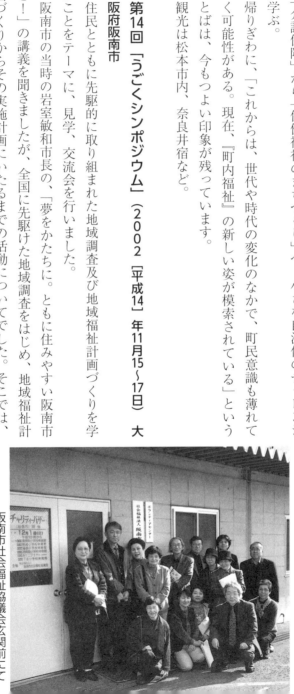

具体化することに大いに役立ちました。

宿泊先の「サンヒル阪南」で、阪南市の健康福祉部、社協の事務局長、地域で活躍している女性たちとの交流会が開催されました。

観光は、琵琶湖の湖北、余呉湖、賤ヶ岳周辺でした。

第15回「うごくシンポジウム」(2003〔平成15〕年14〜16日) 滋賀県近江八幡

今回は、「コスモスの家」独自で行った地域調査、三田小学校区の地域福祉計画づくりをより具体的にするために、阪南市の水野謙二課長をゲストとしてお招きをして情報交換を行いました。

施設見学としては、川崎市社協の紹介で、NPO法人共生舎「なんてん」を訪問しました。共生舎「なんてん」は、二階建ての一軒家を借りてのグループホーム的な施設で、大家族が暮らしているという雰囲気がありました。「コスモスの家」も将来は、〝デイ・サービスセンターと隣接して〝お泊り施設〟があればなと思いました。

観光は、琵琶湖周辺、近江八幡、彦根城、西国十四番三井寺への参拝でした。

グループホーム「なんてん」見学

第16回「うごくシンポジウム」(2005〔平成17〕年2月25〜27日) 沖縄県

一六回目は、福祉と平和をテーマに長寿県の沖縄へ出かけて施設見学し、ミニ平和・福祉講座を開催することを目的に行いました。

まず、「みんなが支えあう、温もりのある福祉社会」をめざして建設された、沖縄県総合福祉センターを見学、沖縄県の福祉施設について話を聞きました。ここはすばらしい施設で、NPO法人福祉ネットワーク「おきなわ」も含めて、四〇団体近くが入居しているのは、居場所や事務所確保に苦労している私たちにとってはなんともうらやましく思いました。

そして、戦後六〇年経った今も、多くの米軍基地があることを見て、沖縄の人たちの苦労を改めて考えさせられた旅でもありました。参加者の一人が、思わず「いまだ戦後は終わってない」と語ったのが印象的でした。

沖縄戦で米軍が最初に上陸した伊江島見学では、艦砲射撃で山が変形した話を聞き、弾丸の跡が残る建物や反戦平和資料館を訪れました。続いて、糸満市にある沖縄県平和祈念資料館、沖縄平和祈念堂、ひめゆりの塔、糸数アブチラガマ(戦時下の自然壕)を見学し平和への思いを新たにしたシンポジウムになりました。

観光では、首里城、美ら海水族館などを見、沖縄ガラス、焼酎など買い物を楽しみました。

沖縄県総合福祉センター前にて

第17回「うごくシンポジウム」（2005［平成17］年11月11〜13日）広島市

戦後六〇年目の節目を迎えて、第一七回目の「うごくシンポジウム」は、広島を訪ねる施設見学ツアーとなりました。

世界遺産となった原爆ドーム、原爆資料館を見学、高齢の被爆者の方から、被爆の実態と資料館がどのようにしてつくられたのかについて聞きました。「そうやすやすとできたのではなく、熱線で溶けてひしゃげた弁当箱や、焼けただれた衣類を集めること自体が原爆反対の闘いだった」と話されました。

広島、長崎に落とされた爆弾がどんなに残虐なものであったかを目のあたりにして、声が出ず、「こんなことは二度とあってはならない」と思いました。そして、「コスモスの家」デイ・サービスの利用者が折ってくれた千羽鶴を、熱い平和への祈りを込めて少女の像にお供えしてきました。

観光は、世界遺産宮島と広島市内。呉の元軍港でした。

第18回「うごくシンポジウム」（2006［平成18］年11月10〜12日）福井県高浜町

この年の「うごくシンポジウム」は、日常生活に深いかかわりがある原子力発電所と福祉のまちが共存し、自然環境がどう保たれているのかを学ぶため、福井県の高浜町を訪ねました。

少女像の前にて

敦賀原子力館、大飯発電所を見学、「安定した電気をお届けするために、安全運転をしている」と説明がありました。

（参考　その後、二〇一一［平成二三］年三月一一日に東日本大震災が起こったわけです。いまなお五万人弱の人たちが避難生活を強いられている現実があります。にもかかわらず、日本全国で原子力発電所の再稼働が続けられていることに、これでよいのだろうかと考えさせられます。）

観光は、世界遺産白川郷とその周辺でした。「つるが魚まつり」にも参加し、さばの直火焼きの味はいまも忘れられません。

第19回「うごくシンポジウム」（2007［平成19］年11月2〜4日）大阪市

「コスモスの家」は、一九九九（平成一一）年一〇月に特定非営利活動法人・秋桜舎、事業所名「コスモスの家」を設立しました。そこで第一九回「うごくシンポジウム」で私たちは、大阪千代田短期大学内で開催される「第二回NPO全国ネット交流会」に参加、全国にひろがるNPO活動の連帯や情報交換の場に出席しました。同時に、福祉を学ぶ若い学生たちが繰り広げる学園祭を楽しみました。

観光は、大阪天満宮の裏門横にできた上方落語の定席「天満天神繁昌亭」で上方文化に触れました。日本で一番長い商店街と言われる大阪天満橋商店街は天満宮の参道のある一丁目から九丁目に及ぶ商店街で、私たちはそこで〝大阪の食いだおれ〟を楽しみました。

帰途は、世界遺産の熊野古道を歩きました。

第20回うごくシンポジウム（2009［平成21］年1月17〜18日） 神奈川県江の島

「コスモスの家」が設立二〇周年を迎え、その記念行事をかねて、江ノ島にある「かながわ女性センター」で開催しました。その内容は、①「コスモスの家」恒例の新年会、②それぞれの事業所のスタッフ、ボランティア、理事会のメンバー、支援者の交流会、そして③「これからの『コスモスの家』の活動の夢を語ろう」、というものでした。

まず同センターの施設の見学、参加者三六名で設立二〇周年を祝って乾杯し、それから「うごくシンポジウム」二〇年の歩みをパワーポイントで振り返りました。

参加者全員の今後の夢を語り合ったものは、『コスモスだより89号』に詳しく掲載されています。

観光は、「サムエル・コッキング苑」（江ノ島）、鶴岡八幡宮、報国寺、そして鎌倉市内。

第21回うごくシンポジウム（2010［平成22］年9月3〜5日） 北海道浦河町

今回訪ねたのは、北海道浦河町（人口一万四〇〇〇人）にある「べてるの家」です。

「べてるの家」は、二〇〇二（平成一四）年に立ち上がった社会福祉法人で、小規模授産施設二カ所、グループホーム三カ所、共同住宅三カ所、有限会社「福祉ショップべてる」からなる共同体です。現在では、精神障害のある一六〜七〇歳までの一五〇名の当事者がまちづくりの中核になって活動しています。

・自分を語り、仲間の話を聞き、語り合い、支え合うミーティングは、問題を出し合う場ではなく、互いに励ましあう場であること。

・精神科医は、精神病患者を投薬で治そうとし、また薬を減らすよう説得する。でも最も重要なのは、説得するだけでなく、それができる生活環境を作ることなのだということ。

・「お金の原理」から「人間の原理」へ。

「べてるの家」の人たちは、かつて精神障害者として世間から排除され、色々な苦労を抱えて生きてきて、それを乗り越えてきた人たちです。この経験は、近い将来、同じ地域に住む人々の、高齢によって認知症や障害を持たれた方々と互いに助け合うことができる日につながること。

・かつてのように、「精神障害をご理解ください」、「お助けください」ではなく、病気の幻覚や幻聴をも仲間にし、力にして、地域の住民として堂々と生きていくこと。

私たちの施設見学と交流をお世話してくださった創設者、向谷地生良氏の言葉は、「コスモスの家」が今後、抱えるであろうさまざまな事に対して、示唆が込められていると思いました。

観光は、有珠山、昭和新山、登別温泉、そして洞爺湖めぐりでした。

第22回うごくシンポジウム（2011〔平成23〕年9月30日～10月2日）東北一円

この年の三月一一日、東日本大震災が起こりました。川崎市も震度5弱で、家族が帰れず、デイ・サービスセンターの床にふとんを敷いて、夜を過ごす準備をしました。また、余震の中、こんな時こそ、夕食宅配が必要と配達し続けました。

そしてその六カ月後、みなさんから寄せられた義援金をもって、福島市、仙台市から塩釜、松島、石巻を経て三陸町（現大船渡市）、気仙沼と海岸線を走りました。福島市での交流では、「地震により、原発問題という起こってはならないことが現実になってしまいました。住みなれた町を離れなくてはならない悔しさがこみ上げてきます……」、「乳児、幼児、小学生、子どもに何を食べさせていいのかということの不安。家族がバラバラになっていく淋しさ。避難はいつまで続くのか」などのお話を聞きました。日常、なにげなく使ってた電気、一度事故が起これば、人間が住めなくなる、家は流され、田んぼの水は真っ黒、「ここからは放射線量が高いので通行止め」……改めて原発問題に関心を寄せました。

「引き続きなにかの支援を」と考え、現在も南相馬市のＮＰＯ法人、「ほっと悠」、「あさがお」の障害者作業所がつくる味噌、ふりかけの東北支援販売をささやかながら続けています。

観光は岩手県盛岡市内周辺、石川啄木記念館など。

土産は、塩釜の市場で、乾物、その他、車いっぱいの買い物支援をしました。

川崎市委託事業「有馬小学校ふれあいデイサービスセンター」の廃止にあたって

「有馬コスモスの家」は二〇〇一（平成一三）年に開設されました。市から受託できたのは、その前年二〇〇〇（平成一二）年の介護保険制度導入の際に、法人設立と、独自事業として現副理事長、杉村敦子さんからの場所提供（自宅の二ＤＫの離れ）で開設されていた活動の実績があったからです。

そのころ宮前区には、いわゆるミニ・デイサービスというような居場所はありませんでした。当時の「宮前コスモスの家」は、週一回木曜日、一〇時から一五時、手づくり昼食付で多い日は一五名の利用者がありました。とくに認知症の親の介護をしているご家族からは、「地域で仏様に会った思い」と感謝されました。この実績が市に評価され、受託に至ったのです。

また、「有馬コスモスの家」が開設された初期のころには、予防の「ふれあいデイサービス」はなかなか浸透しなかったなか、三田のデイサービスから人材を派遣（現　水野正代ケアマネージャー・理事）、歴代の施設長とスタッフの苦労と努力の蓄積と宮前区福祉課、地域包括支援センターの方々のご協力と地道な活動が、今日の「有馬コスモスの家」をつくったのだと思います。当初少なかった利用者も一日二〇名にもなり、二〇一八（平成三〇）年の登録者数が九〇名余ともなりました。

しかし、二〇一五（平成二七）年の国の介護保険制度の大きな改正に伴い、一七年間続いた市の独自事業である「有馬コスモスの家」が、二〇一八（平成三〇）年三月をもって廃止と決まりました。市には再三、「廃止しないでほしい」と要望しましたが及ばず、法人としては存続できないことが悔しく真に残念な思いです。

一方、「こんなに楽しく、いい所を自主活動として続けられないのか」と利用者たちから要望が出され、有馬小学校校長のご協力もあり、自主活動としての「有馬コスモスの家」の活動存続が決まりました。法人としては、今後の自主的活動の存続と発展を期待し、エールを送りたいと思います。

②「コスモスの家」の表彰歴

1992（平成 4）年　川崎市保健衛生功労賞受賞
1994（平成 6）年　川崎市長より感謝状
1999（平成 11）年　川崎市社会福祉協議会より表彰
2000（平成 12）年　神奈川県社会福祉協議会より表彰
2004（平成 16）年　地域づくり総務大臣賞受賞
2004（平成 16）年　川崎市制 80 周年記念表彰功労賞受賞
2004（平成 16）年　第 42 回川崎市福祉大会「宮前コスモスの家」表彰
2012（平成 24）年　第 9 回日本地域福祉学会優秀実践賞受賞

③「コスモスの家」の組織図

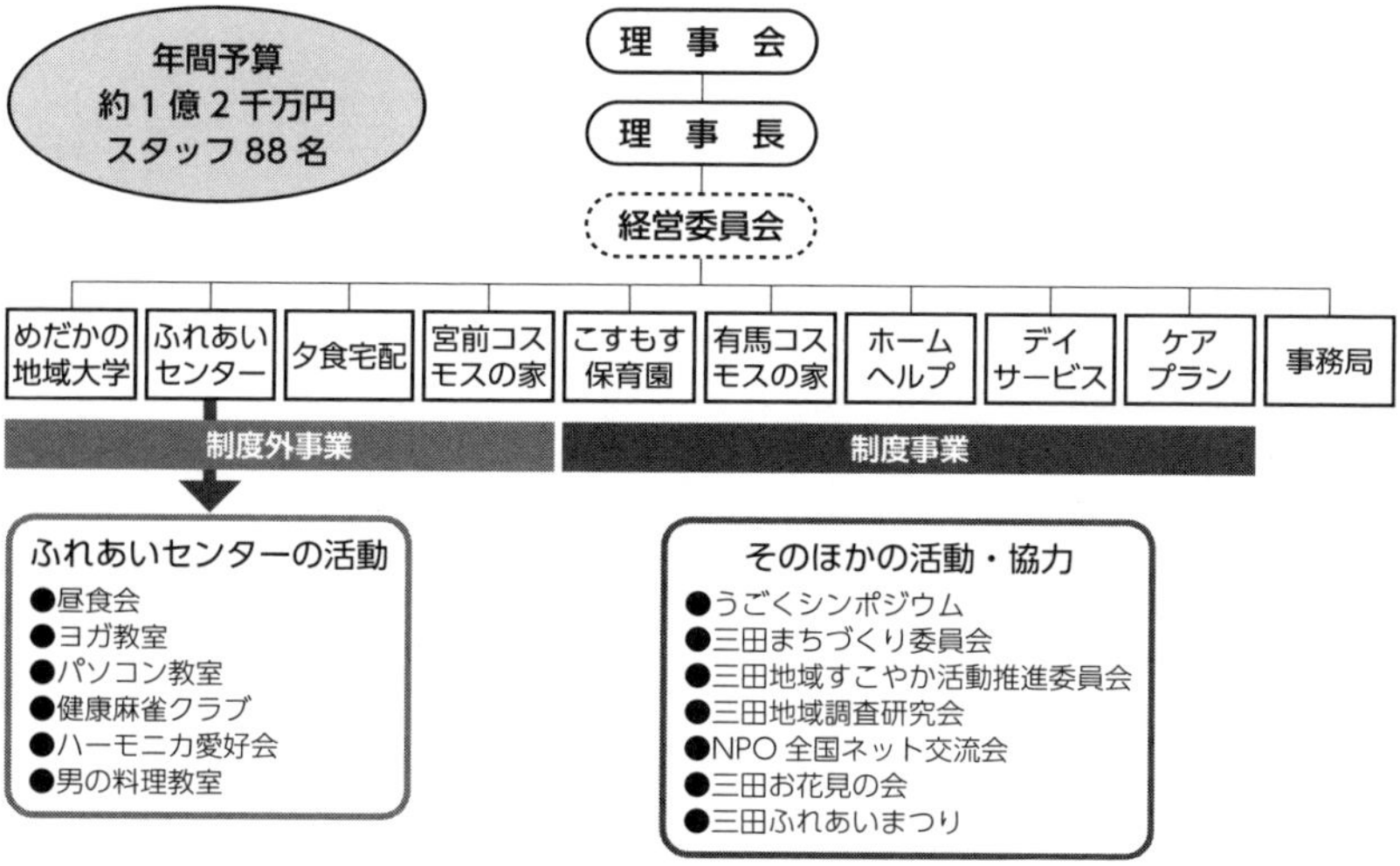

	社会・制度のうごき
「コスモスの家」が事務局	東日本大震災、障害者基本法成立 高齢者の居住の安定確保に関する法律の改正で「サービス付き高齢者向け住宅」創設
相談員を務める（月１回、	郵政民営化法成立、全原発停止。社会保障・税一体改革関連法成立 障害者総合支援法。子ども・子育て支援法
される	介護保険法改正、特定秘密保護法成立 生活困窮者自立支援法施行
NPO 法人秋桜舎「コスモス 介護保険改悪」講演会開催 事務局となる れる	医療・介護総合推進法成立。長野の御嶽山噴火で死者 57 人 過労死等予防対策推進法。母子及び父子並びに寡婦福祉法
望書を提出、意見交換を行	介護保険法改正。予防給付サービスの介護予防・日常生活支援総合事業への移行開始
1・2」を川崎市の総合事業 展望と協働の地域づくり」	熊本・大分で大地震 G7・伊勢志摩サミット開催 オバマ米大統領の広島訪問
なる サービス、理美容サービス 『人生のゴールを迎えるま	ヨーロッパ、アメリカで日常的にテロ事件が起こる アメリカ大統領にトランプ氏当選 小田原ジャンパー事件。社会福祉法改正
	韓国・北朝鮮会談、米朝会談開催

時代区分	年	「コスモスの家」のできごと
介護保険事業・独自事業時代	2011年（平成23年）	「孤立しないで安心して生活するための調査」を実施、となる
	2012年（平成24年）	子育て支援の分野への参入準備を開始 無認可保育園（定員15名）開園 「レイディアントシティ向ヶ丘遊園」高齢者相談会のケアマネージャー渡辺ひろみ・水野正代）
	2013年（平成25年）	介護予防サービス事業開始（通所・訪問、居宅） 「コスモスの家」25周年記念の集い開催 「こすもす保育園」が、川崎市認定保育園B型に認定
	2014年（平成26年）	NPO法人「たすけあい多摩」、NPO法人「くるみ」、の家」によるNPO設立25周年記念事業「ストップ！ 「介護保険制度をよくする会」発足、「コスモスの家」 『コスモスだより』創刊100号記念号刊行 「こすもす保育園」が川崎市認定保育園A型に認定さ
	2015年（平成27年）	国・市に向けて請願・陳情書を提出 「介護保険制度をよくする会」が川崎市健康福祉局に要う
	2016年（平成28年）	就業規則の整備。介護保険制度の改定により、「要支援に移行される 三田ふれあいセンター「コスモスの家」交流会開催 「介護保険制度をよくする会」主催研修会「総合事業の開催 講師・濵畑芳和氏（立正大学社会学部准教授）
	2017年（平成29年）	介護保険制度の改定により、利用者は一部2割負担と川崎市は介護報酬3割減となる 介護保険制度改定により、「総合事業」の開始 独自サービス事業として、デイサービスにモーニングを開始 川崎市の委託事業「有馬コスモスの家」が廃止となる。で―有馬コスモスの家の人々―』発刊
	2018年（平成30年）	「コスモスの家」設立30周年記念の集い開催

	社会・制度のうごき
「生涯学習ができる場所が モスの家」の開設、公民協 り」開催	次世代育成支援対策推進法、少子化社会対策基本法
地域づくり総務大臣表彰受 大会表彰受賞 年記念のつどいを盛大に開 なる。5周年記念事業とし 作成。『デイ・サービスから 案	新しい市町村合併3法成立 新潟県中越地震で死者46人
廃止され、それを利用者負 間を延長する センターや予防介護サービ	介護保険法改正。個人情報保護法施行 障害者自立支援法、高齢者虐待防止法 JR福知山線脱線事故
開始 ざして「NPO全国ネット交	改正介護保険法施行により、介護予防、地域包括支援センターの考え方が導入される。北九州市で生活保護申請を拒絶されたことによる餓死者出る
センター、夕食宅配が独立 事業「いこい元気広場」委	郵政民営化スタート、「限界集落」全国協議会発足 ㈱コムスンに対し改正後初の大型処分
益活動助成金対象事業とな の活動に広がっている 事業」（区民提案型委託事 どもやその保護者を対象と	北京オリンピック、リーマン・ブラザース経営破たん、世界同時不況へ 後期高齢者医療制度始まる。介護従事者等の人材確保のための介護従事者等の処遇に関する法律。「これからの地域福祉のあり方に関する研究会報告書」 日比谷公園に「年越し派遣村」が設置される
学、日本女子大学と連携 動開始。『コスモスの家20	裁判員制度スタート、鳩山内閣発足 介護報酬改定。介護保険法及び老人福祉法の一部を改訂する法律施行
して生活するための調査」	子ども手当法施行、東京足立区で生きていれば111歳の男性遺体。日本年金機構

時代区分	年	「コスモスの家」のできごと
補助事業時代	2003年 (平成15年)	むなか、「身近な場所に気軽に使える交流の場がない」 ない」という意見も多く、「三田ふれあいセンターコス 働の「めだかの地域大学」開校につながる 三田まちづくり委員会と共催で「第1回ふれあいまつ
	2004年 (平成16年)	「支え合いのネットワークを生み出している」ことから 賞、川崎市制80周年記念表彰功労賞受賞、川崎市福祉 「有馬コスモスの家」開設3周年、NPO法人設立5周 催、「住み続けられるまちづくり」をめざして8事業と て、「NPOコスモスの家のあゆみ」ビデオ・DVD 20分 まちづくりへ』ブックレットの企画・編集開始 三田まちづくり委員会、7つのアクションプランを提
	2005年 (平成17年)	介護保険法見直しにより、デイサービスの食事加算が 担でなく事業拡大によって充当。デイサービス営業時 翌年から始まる新たな公共システムとして、地域包括 スによる「コスモスの家」の方向性を探る活動を検討 『デイ・サービスからまちづくりへ』発刊
	2006年 (平成18年)	介護保険法の改定によって、1月から転倒予防教室を 市から地域包括センターの話が浮上するが実現せず 11月、全国のNPOの経験交流とネットワーク化をめ 流会」開催
	2007年 (平成19年)	事務所をふれあいセンター隣りに移転し、デイサービス 転倒予防教室の実績が認められ、市介護予防普及啓発 託(～08年度)
	2008年 (平成20年)	「三田ふれあいセンターコスモスの家」が、川崎市民公 る(2年間)。「ふれあいセンター」の活動は現在、8つ 「めだかの地域大学」が平成20年度「磨けば光る多摩 業)の助成を受ける。高齢者だけではなく、地域の子 した内容に発展
介護保険事業・ 独自事業時代	2009年 (平成21年)	「磨けば光る多摩事業」で多摩区の明治大学、専修大 相談室設置、給与検討委員会発足、有償ヘルパーが活 年史』編さん
	2010年 (平成22年)	大学と地域住民の協力を得ながら「孤立しないで安心 (第2回調査)を実施

	社会・制度のうごき
をテーマに1泊研修実施 ト3000部出版、記念パーテ	改正児童福祉法成立、保育所の「措置」をはずす 三洋証券、北海道拓殖銀行経営破たん 消費税5%に。介護保険制度対策検討委員会を設置
団地の3DK賃貸から3LK 開設し入浴開始。年間192 名2000筆を超える）	特定非営利活動促進法（NPO法）成立 社会福祉基本構造改革を提言
3月市議会で平成11年度 設が認められ、国の委託事 に、介護保険制度の導入に 台による送迎、入浴サービ	山一証券、自己破産 PFI促進法（民間資金等の活用による公共施設等の整備等の促進に関する法律）施行 茨城県東海村のJOC東海事業所で臨界事故 「地域福祉権利擁護事業」開始。介護保険・介護認定審査など開始 「ゴールドプラン21」策定
より認可が下り、ケアプラ 始 イサービス、「宮前コスモ	徳島県の吉野川可動堰建設の是非を問う住民投票で反対が賛成を上回る 介護保険制度スタート（措置から契約へ）。新成年後見制度、地方分権一括法施行。交通バリアフリー法・社会福祉法制定 雪印乳業で集団食中毒
サービス事業を委託（5月 2回（火・金）となる る地域の福祉をめざす	省庁再編で1府12省庁体制スタート。田中長野県知事、「脱ダム」宣言 老人医療費の患者負担が定率1割負担に。第1号介護保険料の全額徴収開始
4500世帯の三田小学校区地 会発足、「三田のまちって 福祉計画」策定のための77 域調査研究会を経て「三田	健康増進法 自己評価、第三者評価等サービス評価事業が本格稼働 新型特養の推進が本格化（個室・ユニットケア） 老人保健法改正
の多いまち」という回答が ことがわかる。高齢化が進	サラリーマンの医療費、3割負担へ 介護報酬の改定

時代区分	年	「コスモスの家」のできごと
補助事業時代	1997年 （平成9年）	安定した運営めざして法人化を検討。「今なぜ法人化か」 宮前出張所1周年記念のつどい開催 『主婦たちがつくったミニ・デイサービス』ブッククレッ ィー開催
	1998年 （平成10年）	「もう少し広いところへ」と資金を出し合って、西三田 を購入して移転。中途障害の利用者も加わり、週4回 回開設、のべ1582名利用 市に単独の「デイサービスD型」に認可申請（要望署
	1999年 （平成11年）	「デイサービスD型」認可を願い、新春のつどい開催。 のみ「単独デイサービスD型（小規模型）」の認可施 業開始（法人化が条件となる）。現在地の建設ととも 向けてNPO法人化の準備を進める 特定非営利法人・秋桜舎設立。車椅子付きワゴン車2 スなどにより利用者増える 川崎市社会福祉協議会により表彰
	2000年 （平成12年）	4月1日開始の介護保険事業所として申請、神奈川県 ン、デイサービス、ホームヘルプの介護保険3事業開 同時に市の高齢者ふれあい事業の夕食宅配、ミニ・デ スの家」の独自2事業を開始 神奈川県社会福祉協議会より表彰
	2001年 （平成13年）	市より有馬小学校の空き教室を活用したふれあいデイ 1日、「有馬コスモスの家」開設）。夕食宅配事業が週 NPO法人設立2周年記念のつどい開催、住み続けられ
	2002年 （平成14年）	「人権と福祉のまちづくり」をめざして、人口1万人、 域福祉計画づくりを住民参加で始める。地域調査委員 どんなまち」2回の予備調査・中間報告を行う 「コスモスの家」の秋まつりを多摩市民館で盛大に開催 「コスモスの家」が事務局となり、「三田小学校区地域 項目にわたる本調査のモニター活動が終了、9回の地 まちづくり委員会」発足。「めだかの地域大学」始まる
	2003年 （平成15年）	地域調査モニター活動の集計結果から「緑が多く、坂 あり、「三田のまちに住み続けたい」が94％に達した

	社会・制度のうごき
スが産声を上げる 行く先は長野・佐久総合病	「ゴールドプラン」策定─福祉に市場原理導入
と名付け、毎週水曜のミニ・ が欲しいとの思いが実る 年間10万円の補助決まる	診療報酬改定 社会福祉関係8法改正で福祉サービスの権限を市町村に移管。市町村に老人福祉計画策定を義務化 川崎市市民オンブズマン制度発足
念チャリティー・ファミリ	滋賀県の信楽高原鉄道の列車正面衝突事故でお年寄りなど42人死亡 老人保健法等の改正により老人訪問看護サービス開始
助が決まる。スタッフ会議 ついて予算要望書を提出 っ越す。「コスモスの家3周 み続けられるために、『3年 にて第1回研修	第3次行革審「国際化対応・国民生活重視の行政改革に関する第3次答申」 福祉人材確保法 全国介護支援センター協議会発足
に対して「ミニ・デイサー	衆参両院で全党一致「地方分権の推進に関する決議」 障害者基本法と改称し、対象を精神障害者にも拡大 寝たきり老人ゼロ作戦
地域の主婦のボランティア 国研究セミナーに参加。送	東京都中野区議会で教育委員会の準公選制廃止条例成立 「エンゼルプラン」4省合意。在宅介護支援センター法制化。21世紀福祉ビジョン発表。新ゴールドプラン
週3回開設。利用料1500円 祝い開催	阪神淡路大震災で死者約6300人 地方分権推進法成立 高齢社会対策基本法
Kを提供、週1回のミニ・	薬害エイズ問題で菅厚生大臣が謝罪。介護保険制度案大綱発表 初の小選挙区比例代表並立制による総選挙

75 「コスモスの家」関連年表

時代区分	年	「コスモスの家」のできごと
ボランティア時代	1989年（平成元年）	西三田団地の集会所和室で週1回のミニ・デイサービ この年、さっそく「うごくシンポジュウム」も始まる。 院
	1990年（平成2年）	集会所から一軒家（2K）に引っ越し、「コスモスの家」 デイサービスと配食サービスを始める。自分たちの家 川崎市社協より、地域ミニ・デイサービス活動に対して 江ノ島情報交流会
自主事業時代	1991年（平成3年）	『コスモスだより』1号発行。「コスモスの家」1周年記 ーコンサートを西三田幼稚園で開催 第1回ボランティア交流会。夕食宅配開始 川崎市社協から助成金を受ける
	1992年（平成4年）	民間企業「㈱アラガン」より年間60万円×5年間の援 の定例化 市高齢者対策部に対し、「コスモスの家」の自主活動に 一軒家の賃貸契約が切れ、西三田団地2－7－101に引 年交流のつどい」開催。人口1万人の三田のまちで住 間のあゆみ』出版 川崎ボランティアセンターから助成金。特養「緑陽苑」 川崎市保健衛生功労賞受賞
	1993年（平成5年）	利用者、家族、来賓の方々とともに総会開催 市民生局高齢者福祉課長が「コスモスの家」訪問。市 ビス施設に援助を」と要請活動 市から高齢者保健活動で表彰を受ける
	1994年（平成6年）	市への補助金申請について朝日新聞川崎支局が取材。 送迎システムづくり始まる 全国社会福祉協議会主催の住民参加型福祉サービス全 迎ボランティア説明会ひらく。川崎市長より感謝状
補助事業時代	1995年（平成7年）	川崎市ミニ・デイサービス事業の補助800万円決定。 を500円に ボランティア・スタッフ総勢50名となる。5周年のお 宮前出張所づくりの検討はじまる
	1996年（平成8年）	「宮前コスモスの家」オープン。運営委員さんの離れ2 デイサービスを開始 第1回「秋まつり」開催

［資　料］

①「コスモスの家」関連年表

②「コスモスの家」の表彰歴

③「コスモスの家」の組織図

[編著者]

渡辺ひろみ（わたなべ　ひろみ）　秋桜舎「コスモスの家」代表

1934（昭和 9）年　大阪市生まれ。大阪市立大学文学部卒。

1966（昭和 41）年　神奈川県川崎市の西三田団地に移住。

1989（平成元）年　自主研究会「多摩・麻生高齢者福祉研究会」を組織、同年 10 月、団地の集会所で「コスモスの会」を始める。

1990（平成 2）年 5 月　ミニ・デイサービス「コスモスの家」開設。

1995（平成 7）年 1 月　川崎市ミニ・デイサービス補助事業施設として認可される。

1997（平成 9）年 9 月　『主婦たちがつくったミニ・デイサービス―『コスモスの家』よいとこ一度はおいで―』発刊。

1999（平成 11）年 4 月　「D 型」で国の委託事業に。同年、NPO 法人・秋桜舎設立。

2000 年（平成 12）年 4 月　川崎市委託事業・空き店舗活用事業、公民協働事業を加え、人口 1 万人の三田小学校区地域福祉計画づくりを推進。

2005（平成 17）年 4 月『デイ・サービスからまちづくりへ―主婦たちがつくった NPO「コスモスの家」―』発刊。

2011（平成 23）年 6 月『主婦たちがつくった“暮らしの砦”―NPO「コスモスの家」の 20 年―』発刊。

主婦たちが築いたまちづくり
―「コスモスの家」の 30 年―

2018 年 10 月 5 日　初版第 1 刷発行

編著者　渡辺ひろみ
発行者　福島　譲
発行所　㈱自治体研究社
〒162-8512 新宿区矢来町 123　矢来ビル 4 F
TEL：03·3235·5941／FAX：03·3235·5933
http://www.jichiken.jp/
E-Mail：info@jichiken.jp

ISBN978-4-88037-684-4 C0036

印刷：モリモト印刷
DTP：赤塚　修